QUIA Nel Lavoro Remoto

La Nuova Realtà: Bilanciare la Produttività e il Benessere

Katia Doria Fonseca Vasconcelos

31/1/2023

Dedica:

Ai miei amati figli, Mario (Teik), Bruna, Victor e Bárbara, che sono l'ispirazione e il motivo della mia incessante ricerca della conoscenza. Voi siete la mia forza e motivazione per condividere le mie idee e le mie esperienze.

A mio marito José de Vasconcelos Filho, il cui contributo e sostegno sono stati fondamentali nella creazione di questo libro. La sua dedizione e il suo sostegno incondizionato sono un prezioso dono nella mia vita.

Ai miei adorati nipoti, Davi, Vivi e João Gabriel, che rappresentano la continuità delle nostre storie e la speranza di un futuro luminoso. Che questo libro possa ispirarvi a esplorare le vostre passioni e a cercare la verità in tutte le cose.

Ai miei generi e nuore, Nikolas Bucvar, Eduardo, Jana e Jacque, che rafforzano la nostra famiglia con il loro amore, sostegno e preziosi contributi. Vi ringrazio per far parte di questo viaggio e per condividere le vostre prospettive ed esperienze arricchenti.

Che sia dedicato a tutti voi, la mia amata famiglia, con tutto il mio amore e gratitudine.

Katia Doria Fonseca Vasconcelos

INTRODUZIONE

Nel mondo di oggi, il lavoro remoto è diventato una realtà comune e un aspetto fondamentale della dinamica professionale. Con l'aumento dell'adozione delle tecnologie e la ricerca di flessibilità, le aziende e i professionisti stanno esplorando nuovi modi di lavorare, indipendentemente dalla loro posizione fisica. Tuttavia, questa nuova situazione presenta sfide uniche, come la necessità di bilanciare la produttività e il benessere dei dipendenti.

Per affrontare queste sfide e garantire un ambiente di lavoro remoto sano ed efficiente, è essenziale adottare un approccio che vada oltre le competenze tecniche e consideri aspetti emotivi, comportamentali e di adattabilità. In questo contesto, il QU (Quoziente di Intelligenza Universale Sincronico) emerge come una metrica completa e potente.

In questo libro, intitolato "QUIA e la Nuova Realtà del Lavoro Remoto: Bilanciare la Produttività e il Benessere", esploreremo l'importanza del QU come strumento di intelligenza artificiale nel contesto del lavoro remoto. Il QUIA (Quoziente di Intelligenza Universale Sincronico Avanzato) è un'evoluzione del concetto di QU, potenziato dalla tecnologia, che consente un'analisi approfondita e precisa degli aspetti chiave del lavoro remoto.

Nelle prossime pagine, approfondiremo la definizione e le basi scientifiche del QUIA, evidenziando la sua capacità di misurare non solo l'efficienza delle attività svolte, ma anche aspetti come la resilienza, l'adattabilità, la sincronicità e il controllo emotivo. Esploreremo come il QUIA possa essere incorporato nelle aziende e utilizzato come strumento di valutazione e sviluppo continuo dei dipendenti remoti.

Inoltre, affronteremo l'importanza di stabilire protocolli e linee guida chiare per l'implementazione del QUIA, garantendo una valutazione coerente e imparziale. Discuteremo i benefici e le sfide associate all'uso del QUIA, fornendo indicazioni pratiche per la sua applicazione efficace nel contesto del lavoro remoto.

Alla fine di questo libro, ci auguriamo che tu comprenda il potenziale del QUIA come uno strumento potente per promuovere il bilanciamento tra produttività e benessere nel lavoro remoto. Attraverso l'uso consapevole e strategico del QUIA, le aziende saranno in grado di prendere decisioni informate, sviluppare competenze essenziali nei dipendenti e creare un ambiente di lavoro remoto più produttivo e salutare.

Ti invitiamo a intraprendere questo viaggio di scoperta e approfondimento, esplorando il potenziale del QUIA e la sua applicazione pratica nella nuova realtà del lavoro remoto. Insieme, saremo pronti ad affrontare le sfide e sfruttare al massimo le opportunità che questa trasformazione ci offre.

INDICE

DEFINIZIONE DEL QU: QUOZIENTE DI INTELLIGENZA UNIVERSALE SINCRONICA

Il QU (Quoziente di Intelligenza Universale Sincronica) è un potente concetto che mira a comprendere ed equilibrare i potenziali umani essenziali. Include diverse dimensioni, tra cui la visione a 360 gradi, la resilienza, l'adattabilità, la sincronicità e il controllo emotivo.

Il QU può essere definito come una metrica e un parametro che ci consentono di misurare e valutare oggettivamente i potenziali umani nel tempo e tra gli individui. Ci offre una chiara visione di dove siamo in termini di equilibrio di questi potenziali e identifica le aree che devono essere sviluppate per raggiungere un equilibrio più efficace.

La determinazione del QU comporta la valutazione di ciascuna delle dimensioni sopra menzionate. Ogni dimensione riceve un punteggio basato su una specifica scala, che riflette il livello di sviluppo o abilità in ciascuna area. Questi punteggi vengono poi combinati per calcolare il QU complessivo di una persona.

Come metrica, il QU ci fornisce un criterio di riferimento, un punto di riferimento o un limite per valutare l'equilibrio dei potenziali. Ci aiuta a determinare se stiamo raggiungendo un equilibrio adeguato in ciascuna delle dimensioni valutate. Sulla base di questo parametro, possiamo elaborare strategie e miglioramenti per raggiungere un equilibrio più efficace.

Il QU va oltre una semplice valutazione, poiché mira a promuovere uno sviluppo continuo e orientato dei potenziali umani. Offre una mappa per massimizzare il potenziale umano, spingendo verso l'eccellenza personale e professionale.

Comprendendo e applicando il QU, possiamo raggiungere risultati eccezionali, creando una nuova realtà basata sull'equilibrio dei potenziali umani. Questo approccio fornisce una solida base per il successo e il benessere, consentendoci di sfruttare appieno il nostro potenziale e affrontare le sfide con fiducia ed efficacia.

Il QU è un approccio rivoluzionario che ridefinisce il modo in cui comprendiamo e valorizziamo i potenziali umani. Incorporando il QU nella nostra vita e nel nostro lavoro, possiamo sbloccare un nuovo livello di prestazioni, soddisfazione e realizzazione.

LA FONDAZIONE SCIENTIFICA DEL QU

La teoria del QU (Quoziente di Intelligenza Universale Sincronica) è supportata da una solida base scientifica, sostenuta da ricerche e studi condotti da rinomati esperti in diverse discipline. Diversi autori e le loro ricerche hanno contribuito alla fondazione di questa teoria. Di seguito sono riportati alcuni esempi rilevanti:

Daniel Goleman: Autore del libro "Intelligenza emotiva", Goleman è una figura di riferimento nel campo dell'intelligenza emotiva.

Le sue ricerche mostrano come l'equilibrio emotivo sia fondamentale per il successo personale e professionale. La teoria del QU incorpora l'importanza del controllo emotivo come uno degli aspetti essenziali per l'equilibrio dei potenziali umani.

Clayton Christensen: Professore presso la Harvard Business School, Christensen è noto per il suo lavoro sull'innovazione disruptiva. Sottolinea la necessità di adattabilità e cambio di paradigma per avere successo negli affari. Il QU affronta l'adattabilità come uno dei potenziali da equilibrare, tenendo conto delle sfide del lavoro remoto.

Carol Dweck: Psicologa e autrice del libro "Mindset", Dweck enfatizza l'importanza di una mentalità di crescita per raggiungere il successo. La teoria del QU si allinea a questo concetto, incoraggiando lo sviluppo continuo dei potenziali umani attraverso l'equilibrio e la crescita personale.

Daniel Kahneman: Economista e psicologo vincitore del Premio Nobel, Kahneman è noto per le sue ricerche sul comportamento umano e la presa di decisioni. Il suo contributo al QU riguarda l'importanza della prospettiva positiva e la capacità di affrontare le sfide come opportunità di apprendimento.

Questi sono solo alcuni esempi dei numerosi ricercatori e autori le cui opere sostengono la teoria del QU. Le loro ricerche e studi forniscono prove scientifiche che supportano l'importanza dell'equilibrio dei potenziali umani per il successo e il benessere. Integrando queste conoscenze, il QU offre un approccio completo e basato su solide fondamenta per raggiungere un equilibrio efficace in diverse aree della vita.

IL QU COME PARAMETRO E METRICA: UN APPROCCIO PER VALUTARE I POTENZIALI

Il QU (Qualificazione dei Potenziali) è una metodologia ampiamente adottata dalle organizzazioni come parametro e metrica per valutare i potenziali individuali dei loro dipendenti. Questo approccio olistico tiene conto di aspetti fondamentali come visione a 360 gradi, resilienza, adattabilità, sincronicità e controllo emotivo.

Utilizzato come parametro, il QU stabilisce un insieme di criteri che definiscono il livello minimo di potenziali che i dipendenti devono raggiungere per raggiungere determinati obiettivi o requisiti dell'azienda. Questi criteri possono essere adattati in base alle specifiche esigenze di ciascuna posizione o ruolo.

Attraverso il QU come metrica, è possibile quantificare e misurare le prestazioni dei dipendenti rispetto ai potenziali valutati. Ogni aspetto del QU riceve un punteggio specifico e la somma di questi punteggi produce un valore che riflette il livello di sviluppo dei potenziali individuali.

Utilizzando il QU come parametro e metrica, le organizzazioni hanno la possibilità di valutare in modo obiettivo e standardizzato i potenziali dei loro dipendenti. Questo fornisce una solida base per le decisioni relative a promozioni, sviluppo di carriera, programmi di formazione e altre azioni volte allo sviluppo individuale e organizzativo.

Inoltre, il QU come parametro e metrica promuove una cultura di auto-sviluppo e miglioramento continuo. I dipendenti sono incoraggiati a cercare il miglioramento dei loro potenziali, avendo chiari riferimenti riguardo ai criteri e ai punteggi stabiliti.

È importante sottolineare che il QU come parametro e metrica non dovrebbe essere utilizzato isolatamente, ma integrato in un sistema di gestione delle persone più ampio, considerando anche altri aspetti rilevanti come competenze tecniche, esperienza professionale e valori organizzativi.

In sintesi, il QU come parametro e metrica fornisce alle organizzazioni un approccio strutturato e obiettivo per valutare e sviluppare i potenziali dei dipendenti. Stabilendo criteri chiari e misurabili, offre una solida base per le decisioni relative allo sviluppo individuale e organizzativo, diventando uno strumento potente nella ricerca dell'eccellenza e della crescita sostenibile delle aziende.

LA APPLICABILITÀ DEL QU (QUOZIENTE DI INTELLIGENZA UNIVERSALE SINCRONICO)

L'applicabilità del QU (Quoziente di Intelligenza Universale Sincronico) si estende a diverse aree della vita, inclusi il lavoro, le relazioni e lo sviluppo personale. Attraverso la comprensione e l'applicazione del QU, possiamo raggiungere un equilibrio efficace dei potenziali umani, stimolando risultati positivi e un maggiore benessere.

Nel contesto lavorativo, il QU può essere applicato per migliorare la produttività, la creatività e l'adattabilità degli individui e dei team. Valutando e sviluppando i potenziali legati alla visione a 360 gradi, resilienza, adattabilità, sincronicità e controllo emotivo, possiamo migliorare le competenze necessarie per affrontare in modo più efficace le sfide dell'ambiente di lavoro.

Inoltre, il QU è rilevante nelle relazioni interpersonali, consentendo una comunicazione più efficace, empatia e collaborazione. L'equilibrio dei potenziali umani promosso dal QU contribuisce a costruire relazioni sane, rispettose e produttive, sia nell'ambiente lavorativo che nella vita personale.

Nell'ambito dello sviluppo personale, il QU offre una struttura per l'autovalutazione e la crescita continua. Comprendendo i nostri potenziali e identificando le aree che necessitano di sviluppo, possiamo tracciare strategie per migliorare e massimizzare le nostre prestazioni in tutte le dimensioni del QU. Ciò ci consente di raggiungere un livello più elevato di soddisfazione e realizzazione personale, stimolando la nostra crescita e sviluppo.

L'applicazione del QU coinvolge l'uso di strumenti, come questionari e quiz, che ci aiutano a misurare e valutare in modo oggettivo i potenziali umani.

Questi strumenti forniscono preziose informazioni sul nostro equilibrio attuale e guidano lo sviluppo necessario per raggiungere un equilibrio più efficace.

È importante sottolineare che l'applicabilità del QU richiede un approccio continuo e personalizzato. Man mano che ci sviluppiamo e affrontiamo nuove sfide è necessario apportare regolazioni e mantenere l'equilibrio dei potenziali nel tempo. In questo modo, possiamo ottenere risultati duraturi e godere di una vita più soddisfacente e realizzata, sia a livello personale che professionale.

ESEMPI PRATICI DI APPLICAZIONE DEL QUOZIENTE DI INTELLIGENZA UNIVERSALE SINCRONICO (QU)

Ecco alcuni esempi pratici di come il Quoziente di Intelligenza Universale Sincronico (QU) può essere applicato in contesti diversi:

QU nell'ambiente di lavoro: Immagina un'azienda che desidera valutare l'equilibrio dei potenziali umani dei suoi dipendenti per promuovere un ambiente di lavoro più produttivo e salutare. Attraverso questionari e strumenti di analisi basati sul

QU, l'azienda può raccogliere informazioni sulla visione a 360 gradi, resilienza, adattabilità, sincronicità e controllo emotivo dei suoi dipendenti. Sulla base dei risultati, possono essere identificate aree di sviluppo e possono essere tracciate strategie per migliorare l'equilibrio di questi potenziali.

QU nell'ambito dell'istruzione: In un istituto educativo, gli educatori possono utilizzare il QU per valutare lo sviluppo degli studenti in diverse aree, oltre alle prestazioni accademiche. Attraverso questionari personalizzati, gli studenti possono fornire informazioni sulla loro visione completa dell'apprendimento, capacità di affrontare le sfide, adattabilità, collaborazione e controllo emotivo. Questi dati aiutano gli educatori a personalizzare l'approccio didattico e fornire il supporto adeguato per ciascuno studente.

QU nella leadership: Un leader può utilizzare il QU per valutare la propria capacità di leadership e bilanciare i propri potenziali per promuovere un ambiente di lavoro più efficace. Attraverso l'autovalutazione e il feedback dei colleghi di squadra, il leader può identificare punti di forza e di debolezza relativi alla visione a 360 gradi, resilienza, adattabilità, sincronicità e controllo emotivo. Ciò consente al leader di sviluppare strategie per il miglioramento personale e adottare un approccio più equilibrato ed efficace nella gestione del proprio team.

Questi sono solo alcuni esempi di come il QU può essere applicato nella pratica. La metodologia dei questionari e dell'analisi continua consente a individui e organizzazioni di identificare le aree di sviluppo e di lavorare verso un equilibrio più efficace. Integrando i principi del QU in diverse aree della vita, è possibile stimolare il potenziale umano e ottenere risultati eccezionali.

Esempio di Applicazione del QU:

Preparazione di Fabio per il Lavoro Remoto: Immaginiamo il

caso di Fabio, un professionista alla ricerca di un'opportunità di lavoro remoto. Ecco un esempio di protocollo per l'valutatore: Azienda X: Protocollo 01/01 di Autenticazione QU per il Lavoro Remoto Istruzioni per l'Valutatore:

Percentuale Accettata per il Lavoro Remoto: La percentuale minima accettata per il permesso di lavoro remoto è dell'89% del QU totale.

Istruzioni per il Calcolo della Valutazione: Utilizza il questionario QU compilato dal candidato per assegnare un punteggio individuale a ciascun aspetto valutato: visione a 360 gradi, resilienza, adattabilità, sincronicità e controllo emotivo.

Somma tutti i punteggi per ottenere il QU totale del candidato.

Istruzioni per l'Inoltro della Formazione: Se il candidato non raggiunge la percentuale minima accettata per il lavoro remoto o non raggiunge il requisito minimo di 3 punti nel potenziale di controllo emotivo, indirizzalo verso una formazione specifica per lo sviluppo dei potenziali che devono essere migliorati.

Istruzioni per l'Approvazione del Lavoro Remoto: Se il candidato raggiunge la percentuale minima accettata per il lavoro remoto e soddisfa tutti i requisiti stabiliti, è approvato per il lavoro remoto. In caso contrario, il candidato verrà raccomandato solo per il lavoro in sede.

Questo è un esempio di un protocollo di autenticazione QU per il lavoro remoto, che stabilisce le linee guida e i criteri per la valutazione e l'approvazione del lavoro remoto in base al QU totale del candidato. Il protocollo mira a garantire che i candidati raggiungano un equilibrio adeguato dei loro potenziali e siano pronti ad affrontare le sfide e le esigenze del lavoro remoto.

Ecco un esempio di Valutazione per il Lavoro Remoto:

Questionario di VALUTAZIONE DEL QU SVILUPPATO PER Fábio:

Visione a 360 gradi: a) Sì, ho una chiara visione di tutti gli aspetti del mio lavoro remoto. (Punteggio: 3 punti) b) A volte non riesco ad avere una visione completa di come è organizzato il mio lavoro remoto. (Punteggio: 2 punti) c) Ho difficoltà a visualizzare tutte le prospettive del mio lavoro remoto. (Punteggio: 1 punto)

Resilienza: a) Sono in grado di affrontare le avversità e mantenere un buon equilibrio emotivo nel lavoro remoto. (Punteggio: 3 punti) b) A volte ho difficoltà ad affrontare le avversità e ciò influisce sulla mia produttività. (Punteggio: 2 punti) c) Ho difficoltà a riprendermi da situazioni avverse e ciò incide negativamente sul mio rendimento. (Punteggio: 1 punto)

Adattabilità: a) Sono in grado di adattarmi facilmente a nuove circostanze e richieste nel lavoro remoto. (Punteggio: 3 punti) b) Ho bisogno di un po' di tempo per adattarmi ai cambiamenti, ma riesco a farlo. (Punteggio: 2 punti) c) Ho difficoltà a adattarmi ai cambiamenti e ciò influisce sul mio rendimento nel lavoro remoto. (Punteggio: 1 punto)

Sincronicità: a) Sono in grado di mantenere un flusso di lavoro armonioso e coordinato nell'ambiente di lavoro remoto. (Punteggio: 3 punti) b) A volte ho difficoltà a sincronizzare i miei compiti e le scadenze nel lavoro remoto. (Punteggio: 2 punti) c)

Ho difficoltà a mantenere una sincronia efficiente nel mio lavoro remoto. (Punteggio: 1 punto)

Controllo Emotivo: a) Sono in grado di mantenere il controllo emotivo e gestire le pressioni e lo stress del lavoro remoto. (Punteggio: 3 punti) b) In alcune situazioni perdo un po' il controllo emotivo, ma riesco a riprendermi rapidamente. (Punteggio: 2 punti) c) Ho difficoltà a controllare le mie emozioni e ciò influisce sulla mia produttività nel lavoro remoto. (Punteggio: 1 punto)

Punteggio simulato corrispondente alle risposte di Fábio:

Fabio ha risposto: Risposta: a (Visione a 360 gradi) Risposta: b (Resilienza) Risposta: c (Adattabilità) Risposta: a (Sincronicità) Risposta: b (Controllo Emotivo)

Dopo che Fábio ha completato il questionario, calcoleremo il punteggio ottenuto per ciascun aspetto del QU. Ecco il risultato della valutazione di Fábio per il lavoro remoto:

Dopo la valutazione del questionario QU, calcoleremo il punteggio ottenuto da Fábio per ciascun aspetto valutato. Il punteggio sarà assegnato in base alle risposte fornite da Fábio. Ecco il calcolo:

Visione a 360 gradi: Punteggio ottenuto - 3 punti Resilienza: Punteggio ottenuto - 2 punti Adattabilità: Punteggio ottenuto - 1 punto Sincronicità: Punteggio ottenuto - 3 punti Controllo Emotivo: Punteggio ottenuto - 2 punti

Ora sommeremo tutti i punteggi per ottenere il QU totale di Fábio:

QU totale = Visione a 360 gradi + Resilienza + Adattabilità + Sincronicità + Controllo Emotivo = 3 + 2 + 1 + 3 + 2 = 11 punti

Con il punteggio ottenuto di 11 punti, calcoleremo la percentuale rispetto al QU desiderato. Se il QU desiderato è 15 (100%), calcoleremo la percentuale nel seguente modo:

Percentuale di QU ottenuta = (QU ottenuto / QU desiderato) * 100 = (11 / 15) * 100 = 73,33%

Quindi, Fábio ha ottenuto un punteggio del 73,33% rispetto al QU desiderato.

In base al protocollo stabilito, la percentuale minima accettata per il lavoro remoto è dell'89%. Poiché Fábio non ha raggiunto questo requisito, l'valutatore fornirà un feedback informando che non è idoneo per il lavoro remoto al momento.

In questo feedback, l'valutatore evidenzierà gli aspetti in cui Fábio ha ottenuto buoni risultati, come la visione a 360 gradi e la sincronicità, e quelli in cui deve migliorare, come resilienza, adattabilità e controllo emotivo. Saranno fornite raccomandazioni specifiche per lo sviluppo di questi potenziali, attraverso formazioni e strategie, al fine di prepararlo per future opportunità di lavoro remoto.

L'analisi e le raccomandazioni dell'valutatore saranno fondamentali affinché Fábio possa indirizzare i suoi sforzi di sviluppo, migliorare i suoi potenziali e cercare di raggiungere il punteggio minimo necessario per il lavoro remoto in futuro.

IL QUIA: POTENZIARE IL QU CON L'INTELLIGENZA ARTIFICIALE

Nel capitolo precedente, abbiamo esplorato il concetto di QU (Quoziente di Intelligenza Universale Sincronico) come metrica completa per valutare le prestazioni nel lavoro remoto. Ora, entreremo in una nuova fase, introducendo il QUIA (Quoziente di Intelligenza Universale Sincronico Amplificato), uno strumento avanzato che potenzia il QU utilizzando l'Intelligenza Artificiale.

L'Intelligenza Artificiale (IA) sta rivoluzionando vari settori e il lavoro remoto non fa eccezione. Con il QUIA, è possibile portare la valutazione e l'analisi degli aspetti del QU a un livello più sofisticato e preciso. L'IA consente allo strumento di monitorare e valutare contemporaneamente gli elementi diversi del QU, sia dal punto di vista delle aziende che dei collaboratori remoti.

Il QUIA funziona come un assistente virtuale intelligente in grado di analizzare i dati in tempo reale, individuare modelli e fornire preziosi suggerimenti per migliorare le prestazioni nel lavoro remoto. Con la sua capacità di elaborazione e apprendimento, il QUIA può aiutare a individuare aree di opportunità, punti di miglioramento e strategie per ottimizzare la produttività e il benessere nell'ambiente remoto.

Uno dei grandi vantaggi del QUIA è la sua capacità di personalizzazione. Lo strumento può adattarsi alle preferenze e alle esigenze individuali dei collaboratori, fornendo raccomandazioni personalizzate per aumentare l'efficienza e la soddisfazione nel lavoro remoto. Ciò crea un'esperienza più personalizzata e su misura, tenendo conto delle caratteristiche e delle peculiarità di ogni professionista.

Inoltre, il QUIA può automatizzare attività ripetitive e routine, consentendo ai collaboratori di concentrarsi su attività di maggior valore aggiunto. L'IA può gestire compiti operativi come la pianificazione delle riunioni, la selezione delle e-mail e l'organizzazione dei documenti, consentendo ai collaboratori di indirizzare la propria energia verso progetti più strategici e creativi.

Tuttavia, nell'utilizzare il QUIA, è importante considerare anche le sfide e le questioni etiche legate all'uso dell'Intelligenza Artificiale. È necessario garantire la protezione della privacy dei collaboratori, la sicurezza dei dati e la trasparenza delle decisioni prese dal QUIA. Un'implementazione responsabile ed etica è essenziale per garantire la fiducia e il rispetto dei collaboratori.

In sintesi, il QUIA rappresenta un significativo passo avanti nell'utilizzo del QU come metrica nel lavoro remoto. Con l'aiuto dell'Intelligenza Artificiale, è possibile amplificare e migliorare la valutazione delle prestazioni, fornendo una visione più approfondita e completa degli aspetti del QU. Il QUIA offre vantaggi come personalizzazione, automazione e preziosi suggerimenti per ottimizzare la produttività e il benessere nell'ambiente remoto.

Alla fine di questo capitolo, invitiamo i lettori a riflettere sulle possibilità e sugli impatti del QUIA nel lavoro remoto. Approfondiremo casi di successo, esempi pratici e considerazioni aggiuntive sull'implementazione di questo strumento. Preparatevi a intraprendere un viaggio di scoperta e apprendimento, svelando il potenziale del QUIA per stimolare la nuova realtà del lavoro remoto.

IL LAVORO REMOTO NELL'ERA ATTUALE: SVELARE I PRINCIPI DI PARAMETRIZZAZIONE DEL QU

Il lavoro remoto sta diventando sempre più diffuso nel contesto professionale attuale, offrendo numerosi vantaggi sia alle aziende che ai collaboratori. Tuttavia, nonostante questa crescente adozione, siamo ancora in una fase iniziale nell'esplorare appieno il potenziale di tali benefici e affrontiamo sfide significative nell'implementare questa modalità di lavoro a distanza. Esamineremo ora in modo più approfondito alcuni aspetti rilevanti dal punto di vista delle aziende e dei collaboratori remoti.

Profilo delle aziende che utilizzano collaboratori in modalità remota:

Sfide legate alla Visione 360:

Eccesso o mancanza di comunicazione nelle relazioni interpersonali, ostacolando l'allineamento delle aspettative e la collaborazione effettiva.

Processi decisionali senza dati precisi, pregiudicando l'efficacia e la precisione delle scelte strategiche.

Difficoltà nel rispettare i tempi stabiliti, influenzando l'organizzazione e il progresso dei progetti.

Difficoltà nella leadership verticale tradizionale, che non si adatta alle sfide e alla dinamica del lavoro remoto.

Impatto sulla risoluzione dei problemi, con la mancanza di interazioni faccia a faccia e ritardi nella soluzione delle questioni critiche.

Sovrastimare le aspettative a causa della mancanza di una visione completa delle richieste e delle peculiarità del lavoro remoto.

Sfide legate alla Resilienza:

Affidabilità carente, sia nella consegna dei risultati che nel mantenimento di relazioni professionali solide.

Limitata flessibilità, ostacolando l'adattamento a cambiamenti improvvisi e alle esigenze del lavoro remoto.

Assenza o mancata comprensione del supporto sociale, pregiudicando il senso di appartenenza e il supporto nell'ambiente di lavoro remoto.

Gestione emotiva carente, con difficoltà nel gestire lo stress, la pressione e le emozioni derivanti dal lavoro remoto.

Prospettiva eccessivamente ottimista o pessimista, influenzando la capacità di valutare oggettivamente le situazioni e prendere decisioni equilibrate.

Importanza dell'autocura per il mantenimento del benessere fisico e mentale dei collaboratori remoti.

Sfide legate all'Adattabilità:

Resistenza ai cambiamenti, ostacolando l'incorporazione di nuovi processi, strumenti e tecnologie necessarie per il lavoro remoto efficiente.

Difficoltà nell'adattarsi a diverse richieste e progetti, richiedendo flessibilità e capacità di adattamento.

Limitazioni nella capacità di adattarsi rapidamente ai cambiamenti nell'ambiente di lavoro remoto e nella dinamica del team.

Sfide legate alla Sincronicità:

Difficoltà nel mantenere una comunicazione e coordinazione efficaci tra team remoti, a causa della mancanza di contatti faccia a faccia.

Sfide nella sincronizzazione degli orari e nella disponibilità per la collaborazione, considerando diversi fusi orari ed esigenze individuali.

Difficoltà nel sincronizzare compiti e scadenze in un ambiente di lavoro distribuito, richiedendo una gestione efficace del tempo e delle priorità.

Sfide legate al Controllo Emozionale:

Stress e sovraccarico emotivo derivanti dalla pressione e dalle richieste del lavoro remoto, richiedendo strategie per il bilanciamento emotivo.

Difficoltà nel gestire le emozioni derivanti dal lavoro remoto, come la solitudine, l'ansia e la frustrazione.

Importanza di adottare pratiche e tecniche di controllo emotivo per garantire il benessere e la produttività nell'ambiente remoto.

Comprendendo queste specifiche sfide affrontate dalle aziende e dai collaboratori nel lavoro remoto, possiamo cercare soluzioni e strategie adeguate per superarle. Il QU (Quoziente di Intelligenza Universale Sincronico) può svolgere un ruolo fondamentale in questo processo, offrendo un approccio completo e parametrizzato per migliorare la disciplina, le prestazioni e l'equilibrio nel lavoro remoto.

Profilo dei collaboratori che utilizzano il lavoro remoto:

Sfide

Visione 360:

Difficoltà nel mantenere una comunicazione efficace con il team e i leader a causa della distanza fisica.

Limitazioni nell'ottenere informazioni precise e aggiornate per prendere decisioni informate.

Sfide nel rispettare scadenze e tempi stabiliti senza supervisione diretta.

Necessità di autogestione e indipendenza nel lavoro remoto.

Sovraccarico di problemi e sfide che devono essere risolti individualmente.

Aspettative non allineate o non chiare a causa della mancanza di una visione completa dell'azienda.

Resilienza:

Necessità di mantenere alta affidabilità e coerenza nella consegna dei risultati.

Flessibilità per affrontare cambiamenti imprevisti e

adattarsi rapidamente a nuove situazioni.

Ricerca di supporto sociale e connessioni con i colleghi in un ambiente remoto.

Abilità nel gestire le emozioni e affrontare lo stress e la pressione del lavoro remoto.

Adozione di una prospettiva equilibrata e realistica, evitando ottimismo o pessimismo estremi.

Pratica dell'autocura per garantire il benessere fisico e mentale.

Adattabilità:

Apertura e disponibilità a imparare nuovi strumenti, processi e tecnologie.

Capacità di adattarsi a diverse richieste e progetti, dando priorità ai compiti e adattandosi a diversi ambienti di lavoro remoto.

Flessibilità nell'affrontare cambiamenti nelle strategie e nelle direzioni del lavoro remoto.

Sincronicità:

Abilità di comunicazione efficace in un'ambiente virtuale, garantendo una collaborazione produttiva.

Disponibilità a sincronizzare gli orari con il team, considerando fusi orari e necessità individuali.

Capacità di coordinare compiti e scadenze in un ambiente di lavoro distribuito, con diverse posizioni geografiche.

Controllo emotivo:

Gestione dello stress e delle emozioni legate al lavoro remoto.

Adozione di strategie per mantenere l'equilibrio emotivo in un ambiente remoto.

Focalizzazione sul benessere e sulla salute mentale, evitando l'esaurimento e l'affaticamento.

Comprendendo le specifiche sfide affrontate dai collaboratori nel lavoro remoto, è possibile sviluppare strategie e soluzioni per sostenere le loro prestazioni e il loro benessere. Il QU (Quoziente di Intelligenza Universale Sincronico) può essere uno strumento prezioso per valutare e sviluppare le competenze necessarie per affrontare queste sfide e raggiungere un equilibrio sano nel lavoro remoto.

Ricorda che il QU offre un approccio parametrizzato e completo, consentendo sia alle aziende che ai collaboratori di individuare aree di miglioramento e adottare pratiche che massimizzino il potenziale del lavoro remoto.

La parametrizzazione del QU come uno strumento di intelligenza artificiale, QUIA, offre una soluzione completa per affrontare le sfide del lavoro remoto. Personalizzato per soddisfare le esigenze specifiche di ogni azienda e settore, QUIA è integrato nell'ambiente di lavoro, consentendo un monitoraggio continuo e simultaneo di vari aspetti legati alle prestazioni e al benessere dei collaboratori.

Con QUIA, è possibile identificare in modo preciso i punti che richiedono attenzione, come la visione 360, l'adattabilità, la sincronicità, la resilienza e il controllo emotivo. Questo strumento di intelligenza artificiale consente un'analisi approfondita di ciascuno di questi elementi, fornendo preziosi suggerimenti e guidando azioni specifiche per promuovere miglioramenti significativi.

Seguendo un protocollo d'azione stabilito in base alle informazioni raccolte e analizzate da QUIA, le aziende e i collaboratori possono beneficiare di un approccio strutturato e orientato al raggiungimento del massimo potenziale nel lavoro remoto. QUIA fornisce raccomandazioni personalizzate, suggerendo strategie per rafforzare la comunicazione e la collaborazione, superare gli ostacoli legati all'adattamento ai cambiamenti, ottimizzare la sincronizzazione di compiti e scadenze, gestire la pressione emotiva e mantenere un equilibrio sano nell'ambiente di lavoro remoto.

In questo modo, QUIA si presenta come uno strumento di intelligenza artificiale potente, in grado di stimolare la produttività, il benessere e l'efficienza nel lavoro remoto. Utilizzando la parametrizzazione del QU attraverso QUIA, aziende e collaboratori possono superare le sfide intrinseche al lavoro remoto e sfruttare appieno i vantaggi di questa modalità di prestazione dei servizi.

CONSIDERAZIONI FINALI

Il successo umano è alimentato dall'equilibrio del QU (Quoziente di Intelligenza Universale Sincronico), un concetto supportato da ricerche scientifiche e studi di caso. Diversi studi hanno esplorato gli aspetti del QU e i suoi effetti in diverse aree della vita umana.

Uno studio condotto da ricercatori dell'Università di Stanford ha rivelato l'importanza dello sviluppo della resilienza e del controllo emotivo nel raggiungimento di risultati positivi nella carriera e nelle relazioni. Questa ricerca ha dimostrato come la capacità di affrontare le avversità e controllare le emozioni contribuisca a prendere decisioni informate e a costruire relazioni sane e produttive.

Clayton Christensen, rinomato professore di Amministrazione aziendale ad Harvard, sottolinea che l'innovazione disruptiva richiede un cambio di approccio e il superamento di paradigmi obsoleti. Egli evidenzia che il successo sta nell'abbracciare il cambiamento e adattarsi rapidamente alle nuove circostanze.

Daniel Kahneman, psicologo ed economista vincitore del premio Nobel, ci ricorda che le nostre decisioni sono influenzate dal modo in cui vediamo i problemi. Adottando una prospettiva positiva e affrontando le sfide come opportunità di apprendimento, possiamo prendere decisioni più informate . e ottenere risultati superiori. La teoria dell'intelligenza emotiva, sviluppata da Daniel Goleman, si allinea anche al concetto del QU, sottolineando l'importanza dell'equilibrio emotivo per il successo personale e professionale.

Howard Gardner, rinomato psicologo e professore alla Harvard Graduate School of Education, sottolinea l'importanza di bilanciare e sviluppare tutte le nostre intelligenze. Egli ci incoraggia a riprogrammare il nostro approccio all'educazione, valorizzando non solo l'intelligenza logico-matematica, ma anche l'intelligenza emotiva, musicale, spaziale e altre, consentendoci di esplorare tutto il nostro potenziale.

Questi grandi nomi, insieme ad altri sostenitori del pensiero innovativo, rafforzano l'importanza di adottare una nuova prospettiva di fronte ai problemi. Bilanciando i nostri potenziali attraverso la visione 360, la resilienza, l'adattabilità, la sincronicità e il controllo emotivo, saremo pronti ad affrontare le sfide con fiducia, creatività ed efficacia. Questo approccio si collega anche ad altre teorie e concetti rilevanti, come la teoria della crescita di Carol Dweck, che sottolinea l'importanza di una mentalità di crescita nella ricerca del successo.

In questo libro, abbiamo esplorato in modo esaustivo i principi del QU e come si relazionano a diverse aree della vita umana. Abbiamo analizzato ricerche scientifiche, studi di caso ispiratori e teorie pertinenti per fornire una visione ampia e ben fondata sull'equilibrio del QU e il suo impatto sul successo personale e professionale.

Nel corso dei capitoli, abbiamo esaminato il concetto del QU insieme all'Intelligenza Artificiale (IA) e come questa potente collaborazione possa potenziare il successo in tutte le aree della vita.

Nel primo capitolo, abbiamo esplorato in dettaglio il concetto del QU e il suo ruolo fondamentale nell'equilibrio e nello sviluppo umano. Abbiamo visto come il QU si basi su ricerche scientifiche e studi di caso che ne dimostrano la rilevanza nella ricerca del successo. Il QU ci consente di comprendere e bilanciare i nostri potenziali, inclusi la visione 360, l'adattabilità, la resilienza, la sincronicità e il controllo emotivo.

Successivamente, ci siamo immersi nel fascinante mondo dell'Intelligenza Artificiale, conoscendo i suoi fondamenti e le sue applicazioni. Abbiamo esplorato come l'IA sia in grado di elaborare grandi quantità di dati, individuare modelli e condurre analisi complesse, fornendo preziosi spunti in diverse aree della vita.

Infine, abbiamo unito questi due concetti potenti: il QU e l'IA Abbiamo analizzato come la collaborazione tra il QU e l'IA possa spingere il successo nella vita professionale, rafforzare le relazioni interpersonali, trasformare l'istruzione, semplificare la vita quotidiana e promuovere una salute più equilibrata. Abbiamo visto esempi pratici di come l'IA possa ampliare i nostri potenziali QU, fornendo soluzioni innovative e aumentando la nostra capacità di affrontare le sfide.

Nel corso di questo libro, hai scoperto come bilanciare e migliorare i tuoi potenziali QU con il supporto dell'IA, massimizzando le opportunità e ottenendo risultati eccezionali in ogni ambito della tua vita. Questo entusiasmante viaggio alla scoperta del massimo potenziale offerto dalla collaborazione tra il QU e l'IA ti permetterà di svelare i segreti di questa collaborazione trasformativa e spingere il tuo successo in ogni ambito.

Per consolidare la nostra comprensione, abbiamo rivisitato l'importanza dell'equilibrio del QU come metrica e parametro per valutare e sviluppare i potenziali umani. Sulla base di ricerche scientifiche e studi di caso, abbiamo visto come il QU vada oltre le metriche tradizionali, incorporando i potenziali essenziali di visione 360, resilienza, adattabilità, sincronicità e controllo emotivo.

Abbiamo esplorato l'applicazione del QU nella leadership e nella costruzione di team ad alte prestazioni. Abbiamo discusso strategie per sviluppare la sinergia tra i membri del team e come l'IA parametrizzata con il QU possa migliorare la gestione dei team, spingendo le prestazioni collettive.

Influenze e Referenze

In questo lavoro sono state esplorate diverse influenze e referenze che hanno contribuito allo sviluppo dei concetti di QU e QUIA. Tra le principali fonti di ispirazione si evidenziano:

Daniel Goleman: Autore del libro "Intelligenza Emotiva" e rinomato teorico dell'intelligenza emotiva, le cui ricerche e intuizioni sull'importanza delle emozioni per il benessere e il successo umano hanno costituito la base per connettere l'equilibrio del QU all'intelligenza emotiva nel contesto aziendale.

Dante Alighieri: Poeta e scrittore italiano del XIV secolo, autore dell'opera famosa "La Divina Commedia", che ha fornito una prospettiva storica e filosofica rilevante per la comprensione dell'equilibrio del QU e delle sue sfumature.

Italo Svevo: Scrittore italiano del XX secolo, il cui romanzo "La Coscienza di Zeno" ha affrontato questioni legate alla psicologia umana, introspezione e auto-scoperta, fornendo preziosi spunti per lo sviluppo del QU.

Umberto Eco: Semiotico, scrittore e filosofo italiano, il cui romanzo "Il Nome della Rosa" ha portato riflessioni sulla conoscenza, il mistero e la relazione tra testo e realtà, contribuendo alla comprensione del QU in un contesto più ampio.

Italo Calvino: Scrittore italiano noto per opere come "Le Città Invisibili" e "Se una Notte d'Inverno un Viaggiatore", i cui temi esplorano l'immaginazione, la percezione e la realtà, arricchendo la discussione sull'equilibrio del QU e le diverse forme di intelligenza.

Elena Ferrante: Pseudonimo di una scrittrice italiana famosa per la serie di romanzi "L'amica geniale", che offre una prospettiva unica sulle abilità umane e sull'equilibrio del QU, soprattutto nel contesto aziendale e dell'empowerment femminile.

Primo Levi: Scrittore italiano e sopravvissuto all'Olocausto, autore di opere come "Se questo è un uomo" e "I sommersi e i salvati", la cui storia di superamento e riflessioni profonde sull'etica e la resilienza sono direttamente rilevanti per la comprensione dell'equilibrio emotivo nel QU.

Natalia Ginzburg: Scrittrice italiana nota per i suoi romanzi e saggi come "Famiglia" e "Le Piccole Virtù", le cui approfondite analisi sulla famiglia, le relazioni interpersonali e l'identità portano una prospettiva emotiva e letteraria alla comprensione delle complessità umane nel contesto del QU.

Queste influenze letterarie hanno arricchito lo sviluppo di QU e QUIA, offrendo spunti preziosi sull'intelligenza emotiva, la resilienza, l'autoconoscenza e l'equilibrio. Il loro contributo è stato fondamentale per la costruzione dei concetti qui presentati.

Biografia dell'autrice

Katia Doria Fonseca Vasconcelos è una scrittrice e ricercatrice con formazione in Analista di Sistemi e una vasta esperienza come leader di progetti in aziende multinazionali e di grande dimensione. La sua carriera professionale le ha permesso di comprendere l'importanza dell'equilibrio tra lo sviluppo tecnologico e l'aspetto umano nel successo dei progetti.

Con un profondo interesse nel comprendere e affrontare il comportamento umano nel contesto organizzativo, Katia ha concentrato i suoi studi nell'ambito delle Risorse Umane e nello sviluppo di metodologie che promuovono la sinergia tra le necessità tecnologiche e le aspettative degli utenti. La sua esperienza come leader di progetti le ha fornito una conoscenza approfondita su come emozioni, pensieri e comportamenti umani influenzino direttamente l'efficacia dei sistemi implementati.

Come scrittrice e ricercatrice, Katia condivide le sue conoscenze e le sue esperienze per ispirare leader e professionisti a considerare non solo gli aspetti tecnici, ma anche il fattore umano nell'implementazione dei progetti e nello sviluppo di soluzioni efficaci. Il suo approccio integrativo mira a bilanciare l'eccellenza tecnologica con l'attenzione alle persone, consentendo ai sistemi di soddisfare appieno le richieste e le aspettative degli utenti.

In questo libro, Katia Doria Fonseca Vasconcelos presenta la sua visione unica e pratica del concetto di QU (Quoziente di Intelligenza Universale Sincronico) e la sua applicazione nel contesto aziendale. Il suo approccio basato sul QU è fondato sulla sua esperienza come analista di sistemi e leader di progetti, combinando la conoscenza tecnica con la comprensione delle necessità e delle aspettative degli utenti.

Katia crede che il successo di un progetto o di un'azienda sia intrinsecamente legato alla capacità di bilanciare lo sviluppo tecnologico con l'attenzione alle persone. Il suo obiettivo è quello di fornire ai leader e ai professionisti gli strumenti necessari per adottare un approccio olistico che tenga conto sia delle dimensioni tecniche che emotive, al fine di ottenere risultati eccezionali e soddisfare appieno le esigenze degli utenti.

Condividendo le sue conoscenze e intuizioni in questo libro, Katia Doria Fonseca Vasconcelos invita i lettori ad esplorare il potenziale trasformativo del QU, integrandolo nelle loro pratiche di leadership e sviluppo dei progetti. La sua esperienza e competenza contribuiscono a una visione ampia e aggiornata sull'importanza dell'equilibrio tra tecnologia e aspetto umano nel contesto aziendale.

Con un approccio pratico e ispiratore, Katia cerca di fornire ai lettori gli strumenti necessari per affrontare le sfide del mondo degli affari, considerando l'importanza dell'equilibrio tra l'eccellenza tecnica e l'attenzione alle persone. La sua visione completa e integrativa consente ai leader e ai professionisti di costruire un percorso di successo sostenibile, allineando le necessità tecnologiche alle aspettative degli utenti e promuovendo una cultura organizzativa sana e produttiva.

Presentiamo la serie QU, una collezione di libri che esplorano il Quoziente di Intelligenza Universale Sincronico (QU) e il suo impatto trasformativo in vari ambiti della vita. Con un approccio olistico e innovativo, ogni libro approfondisce diversi aspetti del QU, fornendo preziose intuizioni e pratiche applicabili per raggiungere il successo, l'equilibrio e la pienezza.

In "QU nella Creatività", scopri come il QU possa sbloccare la tua creatività e il tuo potenziale innovativo, offrendo una nuova prospettiva per affrontare le sfide creative e trovare soluzioni uniche.

In "QU nell'Era Digitale", esplora come il QU possa aiutare a bilanciare l'uso della tecnologia con la necessità di connessione umana, benessere ed armonia nell'era digitale in continua evoluzione.

Nella prima edizione di "QU Prima Edizione", immergiti nei fondamenti del QU, comprendendo la sua essenza e l'applicazione pratica per raggiungere un equilibrio olistico tra mente, corpo e anima.

"QU Il Principio dell'Evoluzione Umana" esplora come l'equilibrio dei potenziali del QU e la sincronicità possano alimentare la crescita e lo sviluppo personale, portandoti a nuovi livelli di auto scoperta ed evoluzione.

In "QU nella Gestione dei Progetti", scopri come il QU possa essere applicato per gestire i progetti in modo equilibrato ed efficace, ottimizzando le risorse, massimizzando i risultati e guidando con successo i team.

Nell'ambito dell'istruzione, "QU nell'Educazione" presenta come il QU possa potenziare l'apprendimento e preparare gli studenti per il futuro, promuovendo un approccio olistico allineato alle necessità e ai potenziali individuali.

Nel libro principale, "QU Quoziente di Intelligenza Universale Sincronico", esplora l'essenza del QU, impara a bilanciare i tuoi potenziali e scopri come sfruttare appieno tutti gli ambiti della tu avita.

In "QU Il Potere del QU - La teoria dell'equilibrio", immergiti nella teoria dell'equilibrio del QU, che offre approfondimenti profondi su come raggiungere una vita piena e di successo, trovando l'equilibrio tra corpo, mente e spirito.

"QU nella Salute" esplora come il QU possa essere applicato per promuovere una salute equilibrata e un benessere olistico, permettendoti di raggiungere la tua migliore versione fisica, mentale ed emotiva.

Scopri l'intersezione tra il QU e l'intelligenza artificiale in "QU nell'Intelligenza Artificiale", esplorando come la combinazione di questi due concetti possa spingere a risultati eccezionali in vari ambiti.

In "QU nella Gestione Aziendale", impara come applicare il QU per guidare team, prendere decisioni strategiche e raggiungere risultati eccezionali nel mondo degli affari.

In "QUIAs e la Nuova Realtà del Lavoro Remoto", scopri come il QU e gli strumenti QUIA possano ottimizzare la produttività e il benessere nel contesto del lavoro remoto, bilanciando le esigenze professionali e personali.

Emozionati con le "Cronache del QU", una serie coinvolgente che narra storie piene di avventure, scoperte e riflessioni sul QU e il suo impatto sulle vite dei personaggi.

Infine, "QU Il Potere dell'UQ: La Teoria dell'Equilibrio" offre una visione approfondita sulla teoria dell'equilibrio del QU, consentendoti di trovare armonia e successo in tutti gli ambiti della vita.

Ogni libro della serie QU offre un approccio unico e pratico, combinando conoscenze scientifiche, studi di caso e intuizioni personali per permetterti di raggiungere risultati eccezionali e promuovere un equilibrio olistico in tutti gli ambiti della tua vita. Scopri il potere trasformativo del QU e intraprendi un viaggio di crescita personale e successo sostenibile.